More HIDE & SPEAK SPANISH

Catherine Bruzzone and Sam Hutchinson
Spanish text: Rosa María Martín
Illustrated by Louise Comfort

BARRON'S

Mi casa—My house

1 Papá está en **la cocina**.	1 Dad is in **the kitchen**.
2 Yo leo en **el salón**.	2 I am reading in **the living room**.
3 Mi **dormitorio** es pequeño.	3 My **bedroom** is small.
4 Hay dos **excusados**.	4 There are two **toilets**.
5 **El cuarto de baño** es grande.	5 **The bathroom** is big.
6 **El techo** es alto.	6 **The ceiling** is high.
7 Mamá baja por **las escaleras**.	7 Mom is coming down **the stairs**.
8 **El jardín** está detrás de la casa.	8 **The garden** is behind the house.
9 Hay un pájaro en **el tejado**.	9 There is a bird on **the roof**.

la cocina
lah ko-see-na

el salón
el sal-on

el dormitorio
el dor-mee-toh-ree-oh

el excusado
el ex-koo-sah-do

el cuarto de baño
el kwar-to deh ban-yo

el techo
el tay-cho

las escaleras
las eskal-airass

el jardín
el hardeen

el tejado
el tay-hah-doh

Durante la semana—During the week

1	El **lunes** voy a la escuela.	1	On **Monday**, I go to school.
2	El **martes** voy a nadar.	2	On **Tuesday**, I go swimming.
3	El **miércoles** voy al cine.	3	On **Wednesday**, I go to the cinema.
4	El **jueves** juego al fútbol.	4	On **Thursday**, I play soccer.
5	El **viernes** veo televisión.	5	On **Friday**, I watch television.
6	El **sábado** voy a casa de mi amigo.	6	On **Saturday**, I go to my friend's house.
7	El **domingo** visito a mi abuelita.	7	On **Sunday**, I visit my grandma.
8	**Hoy** hago la cena.	8	**Today**, I am cooking supper.
9	**Mañana** voy a una fiesta.	9	**Tomorrow**, I am going to a party.

	lunes
	loo-ness
	martes
	mar-tess
	miércoles
	mee-air-kol-ess
	jueves
	hoo-ay-vess
	viernes
	vee-air-ness
	sábado
	sah-bah-doh
	domingo
	doh-meen-go
	hoy
	oy
	mañana
	man-yah-nah

Visitando a un amigo—Visiting a friend

1	**Hola**, María. Entra.	1	**Hello**, Mary. Come in.
2	**Sí**, me gusta este video-juego.	2	**Yes**, I like this video game.
3	**No**, no me gusta este CD.	3	**No**, I don't like this CD.
4	¿Puedo beber algo, **por favor**?	4	Can I have a drink, **please**?
5	**Toma**. ¡Ten cuidado!	5	**Here you are**. Be careful!
6	¡Ay, **perdón**!	6	Oops, **sorry**!
7	**No es nada**. No te preocupes.	7	**That's okay**. Don't worry.
8	**Adiós**, ven otra vez mañana.	8	**Good-bye**, come again tomorrow.
9	**Gracias**. ¡Hasta mañana!	9	**Thanks**. See you tomorrow!

hola

oh-lah

sí

see

no

noh

por favor

por fah-vor

toma

toh-mah

perdón

pair-don

no es nada

noess nah-dah

adiós

adee-oss

gracias

grass-ee-ass

En el parque—At the park

1	**La niña** está en **el columpio**.	1	**The girl** is on **the swing**.
2	Guillermo y Ana están en **el balancín**.	2	William and Annie are on **the seesaw**.
3	Hay un perro en **el camino**.	3	There is a dog on **the path**.
4	**El niño** sostiene **la cometa**.	4	**The boy** is holding **the kite**.
5	El cisne nada en **el lago**.	5	The swan is swimming on **the lake**.
6	Mamá está en **el banco**.	6	Mom is on **the bench**.
7	**El niño** corre hacia su mamá.	7	**The child** is running toward his mom.

la niña

lah neen-yah

el columpio

el kol-oom-pee-o

el balancín

el balan-seen

el camino

el kam-een-o

el niño

el neen-yo

la cometa

lah koh-may-tah

el lago

el lah-go

el banco

el ban-ko

el niño/la niña

el neen-yo/lah neen-yah

¡Vamos a jugar!—Let's play!

1 Los equipos juegan al **fútbol**.	1 The teams are playing **soccer**.
2 Mis amigos juegan al **ping pong**.	2 My friends are playing **table tennis**.
3 A mi padre le gusta **esquiar**.	3 My father likes **skiing**.
4 Mi hermano **pesca** en la laguna.	4 My brother is **fishing** in the pond.
5 Mi hermana es buena para la **gimnasia**.	5 My sister is good at **gymnastics**.
6 Marcos es bueno para el **atletismo**.	6 Mark is good at **athletics**.
7 Mi madre **va en bicicleta**.	7 My mother **rides a bicycle**.
8 **Nado** todos los días.	8 I **swim** every day.
9 Los chicos juegan al **baloncesto**.	9 The boys are playing **basketball**.

el fútbol

el foot-bol

el ping pong

el peeng-pong

esquiar

ess-kee-ar

pescar

pess-kar

la gimnasia

lah gym-nah-zeeah

el atletismo

el atlet-eezmo

ir en bicicleta

eer en bee-see-klay-tah

nadar

nah-dar

el baloncesto

el balon-sess-sto

En la ciudad—In town

1	**La escuela** tiene el tejado marrón.	1	**The school** has a brown roof.
2	Hay **una casa** blanca en la esquina.	2	There is **a** white **house** on the corner.
3	El tren sale de **la estación**.	3	The train is leaving **the station**.
4	**La oficina de correos** está detrás del supermercado.	4	**The post office** is behind the supermarket.
5	Hay muchas **tiendas**.	5	There are lots of **shops**.
6	**La fábrica** es muy grande.	6	**The factory** is very big.
7	Hay una fila en **el cine**.	7	There is a line at **the movie house**.
8	Hay mucha gente en **el mercado**.	8	There are a lot of people at **the market**.

la escuela

lah eskway-lah

la casa

lah kass-ah

la estación

lah es-stass-yon

la oficina de correos

lah ofeesee-nah deh korr-ayoss

el supermercado

el soopair-mair-kah-doh

la tienda

lah tee-enda

la fábrica

lah fah-breeka

el cine

el see-neh

el mercado

el mair-kah-doh

En el supermercado—At the supermarket

1 ¡No hay **pan**!
2 **Los huevos** están rotos.
3 El perro roba **la carne**.
4 El hombre corta **el pescado**.
5 **El arroz** está al lado de **la pasta**.
6 **La mantequilla** es cara.
7 El gato bebe **la leche**.
8 Mamá compra **azúcar**.

1 There's no **bread**!
2 **The eggs** are broken.
3 The dog is stealing **the meat**.
4 The man is cutting **the fish**.
5 **The rice** is next to **the pasta**.
6 **The butter** is expensive.
7 The cat is drinking **the milk**.
8 Mom is buying **sugar**.

el pan

el pan

el huevo

el way-voh

la carne

lah kar-neh

el pescado

el peskah-doh

el arroz

el ah-rrohs

la pasta

lah pas-tah

la mantequilla

lah manteh-kee-yah

la leche

lah lay-cheh

el azúcar

el as-soo-kar

Comprando fruta—Buying fruit

1	**Las manzanas** son verdes.	1	**The apples** are green.
2	La mujer come **un melocotón**.	2	The woman eats **a peach**.
3	Hay muchas **cerezas**.	3	There are lots of **cherries**.
4	**Las naranjas** son jugosas.	4	**The oranges** are juicy.
5	**¡La piña** es enorme!	5	**The pineapple** is huge!
6	**Los mangos** son deliciosos.	6	**The mangoes** are delicious.
7	El niño tira **el plátano**.	7	The child is throwing **the banana**.
8	El pájaro quiere **las uvas**.	8	The bird wants **the grapes**.
9	**Las fresas** son rojas.	9	**The strawberries** are red.

la manzana

lah man-sah-nah

el melocotón

el maylo-koh-ton

la cereza

lah sair-eh-sah

la naranja

lah nah-ran-hah

la piña

lah peen-yah

el mango

el mango

el plátano

el plah-tan-o

las uvas

lass oovass

la fresa

lah freh-sa

Comprando ropa—Shopping for clothes

1	El sombrero es demasiado **grande**.	1 The hat is too **big**.
2	El vestido es demasiado **pequeño**.	2 The dress is too **small**.
3	La bufanda es demasiado **larga**.	3 The scarf is too **long**.
4	Los pantalones son demasiado **cortos**.	4 The pants are too **short**.
5	El abrigo es **caro**.	5 The coat is **expensive**.
6	El vestido es **bonito**.	6 The dress is **pretty**.
7	La niña está **feliz**.	7 The girl is **happy**.
8	El niño está **triste**.	8 The boy is **sad**.
9	El helado es **bueno**.	9 The ice cream is **good**.

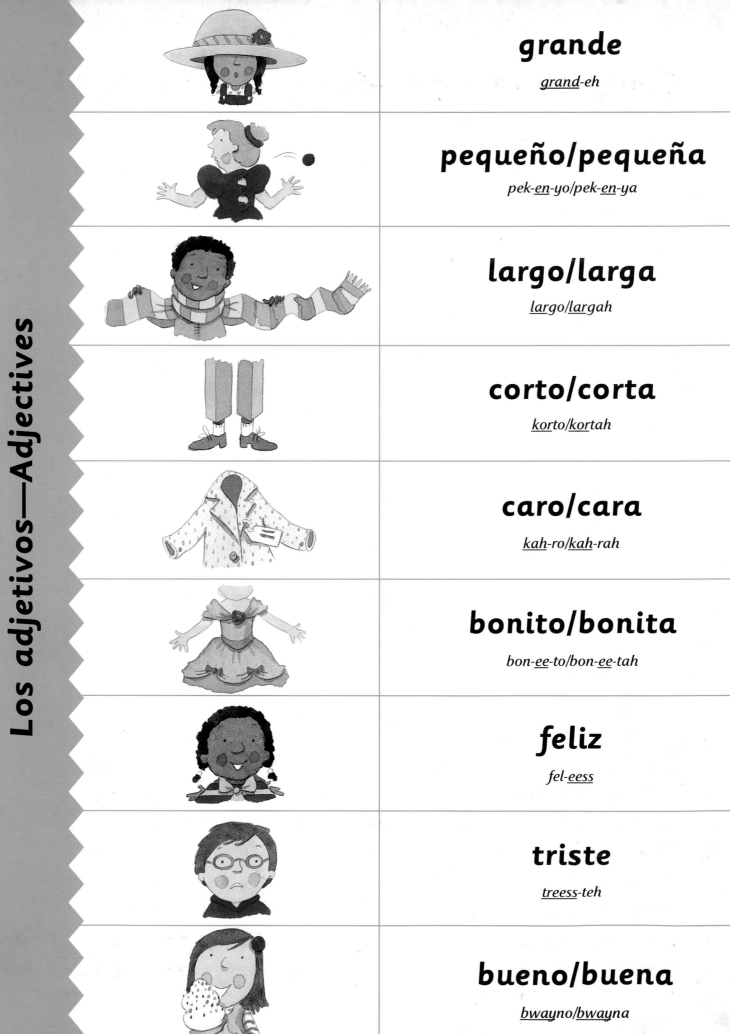

Los adjetivos—Adjectives

	grande _grand_-eh
	pequeño/pequeña pek-_en_-yo/pek-_en_-ya
	largo/larga _larg_o/_larg_ah
	corto/corta _kor_to/_kor_tah
	caro/cara _kah_-ro/_kah_-rah
	bonito/bonita bon-_ee_-to/bon-_ee_-tah
	feliz fel-_eess_
	triste _treess_-teh
	bueno/buena _bwayno_/_bwayna_

¿Qué tiempo hace?—What's the weather like?

1	**El sol** brilla en la playa.	1	**The sun** is shining at the beach.
2	**Hace calor**.	2	**It's hot**.
3	Pero **llueve** en la colina.	3	But **it's raining** on the hill.
4	Y **las nubes** son grises.	4	And **the clouds** are gray.
5	Y **el viento** es fuerte.	5	And **the wind** is strong.
6	¡Hay una **tormenta** magnífica!	6	There is a magnificent **storm**!
7	En el mar hay **niebla**.	7	On the sea there is **fog**.
8	¡En las montañas **hace frío** y **nieva**!	8	In the mountains **it's cold** and **it's snowing**!

el sol

el sol

hace calor

asseh kah-lor

llueve

yoo-eh-veh

la nube

lah noo-beh

el viento

el vee-en-toh

la tormenta

lah tormen-tah

la niebla

lah nee-aybla

hace frío

asseh free-o

nieva

nee-eh-vah

El año (1)—The year (1)

1 Hay cuatro **estaciones**.	1 There are four **seasons**.
2 Me gusta la **primavera**.	2 I like **spring**.
3 En **marzo** hace viento.	3 **March** is windy.
4 Llueve a menudo en **abril**.	4 It often rains in **April**.
5 Hay muchas flores en **mayo**.	5 There are lots of flowers in **May**.
6 En **verano** voy de vacaciones.	6 In the **summer**, I go on vacation.
7 La flor de **junio** es la rosa.	7 **June**'s flower is the rose.
8 El cumpleaños de mi amigo es en **julio**.	8 My friend's birthday is in **July**.
9 Hace calor en **agosto**.	9 It's hot in **August**.

	la estación *lah estah-see-<u>yon</u>*
	la primavera *lah preema-<u>vair</u>-ah*
	marzo *<u>mar</u>-soh*
	abril *ab<u>reel</u>*
	mayo *mah-<u>yo</u>*
	el verano *el vair<u>ah</u>-no*
	junio *<u>hoon</u>-yo*
	julio *<u>hool</u>-yo*
	agosto *ah-<u>gos</u>-sto*

El año (2)—The year (2)

1 El **otoño** empieza en **septiembre**.	1 **Autumn** starts in **September**.
2 En **octubre** caen las hojas.	2 In **October** the leaves fall.
3 En Australia, hace calor en **noviembre**.	3 In Australia, it's hot in **November**.
4 ¡En **diciembre** es Navidad!	4 Christmas is in **December**!
5 El **invierno** trae la nieve.	5 **Winter** brings snow.
6 Hace frío en **enero**.	6 It is cold in **January**.
7 Estuve en un carnaval en **febrero**.	7 I was at a carnival in **February**.
8 Hay doce **meses** en el año.	8 There are twelve **months** in the year.

el otoño

el o<u>ton</u>-yo

septiembre

sept-<u>yem</u>-bray

octubre

ok-<u>too</u>-bray

noviembre

nov-<u>yem</u>-bray

el invierno

el eenv-<u>yair</u>-no

diciembre

deess-<u>yem</u>-bray

enero

<u>en</u>-airo

febrero

feb-<u>rair</u>o

el mes

el mess

Cultivando verduras—Growing vegetables

1 Hay ocho **papas**.	1 There are eight **potatoes**.
2 **El maíz** es amarillo.	2 **The corn** is yellow.
3 **Las zanahorias** tienen hojas verdes.	3 **The carrots** have green leaves.
4 **Las coles** son redondas.	4 **The cabbages** are round.
5 **Los pepinos** y **las berenjenas** son grandes.	5 **The cucumbers** and **the eggplants** are big.
6 **Los tomates** y **el apio** están en la cesta.	6 **The tomatoes** and **the celery** are in the basket.
7 Los gusanos se comen **las lechugas**.	7 The worms are eating **the lettuce**.

la papa

lah pah-pah

el maíz

el mah-eess

la zanahoria

lah sanah-or-eeah

la col

lah kol

el pepino

el peh-pee-no

la berenjena

lah bairen-hay-nah

el tomate

el tom-ah-teh

la lechuga

lah letchoo-gah

el apio

el ah-pee-o

En el bosque—In the forest

1	**El zorro** tiene una cola larga.	1	**The fox** has a long tail.
2	**La ardilla** está en la rama.	2	**The squirrel** is on the branch.
3	**El ciervo** come hojas.	3	**The deer** is eating leaves.
4	¿Dónde está **el oso** marrón?	4	Where is **the** brown **bear**?
5	**El conejo** corre a su madriguera.	5	**The rabbit** runs into its burrow.
6	Hay muchas **mariposas**.	6	There are lots of **butterflies**.
7	**Los escarabajos** son negros.	7	**The beetles** are black.
8	**La oruga** está en la hoja.	8	**The caterpillar** is on the leaf.
9	¡**Las moscas** son molestas!	9	**The flies** are annoying!

el zorro

el sor-roh

la ardilla

lah ard-eeyah

el ciervo

el see-air-vo

el oso

el oh-so

el conejo

el kon-ay-ho

la mariposa

lah maree-pos-ah

el escarabajo

el eskah-rah-bah-ho

la oruga

lah oroo-gah

la mosca

lah mos-kah

Las preguntas—Questions

1	¿**Quién** es ese hombre?	1 **Who** is that man?
2	¿**Qué** es eso?	2 **What**'s that?
3	¿**Cuándo** cierra?	3 **When** do you close?
4	¿**Dónde** están mis gafas?	4 **Where** are my glasses?
5	¿**Por qué** se ríe?	5 **Why** is he laughing?
6	¿**Cómo** se dice "perro"?	6 **How** do you say "dog"?
7	¿**Cuánto** cuesta?	7 **How much** does it cost?
8	¿**Cuántos** animales tiene?	8 **How many** animals does he have?
9	¿**Puedo** ayudarla?	9 **Can** I help you?

¿quién?

kee-yen

¿qué?

keh

¿cuándo?

kwan-do

¿dónde?

don-deh

¿por qué?

por-keh

¿cómo?

kom-o

¿cuánto?

kwan-to

¿cuántos?

kwan-toss

¿puedo?

pway-do

Word List

Mi casa p.2 — **My house**
Las habitaciones de la casa — **Rooms of the house**

el excusado	toilet
la cocina	kitchen
el cuarto de baño	bathroom
las escaleras	stairs
el dormitorio	bedroom
el jardín	garden
el salón	living room
el techo	ceiling
el tejado	roof

Durante la semana p.4 — **During the week**
Los días de la semana — **Days of the week**

lunes	Monday
martes	Tuesday
miércoles	Wednesday
jueves	Thursday
viernes	Friday
sábado	Saturday
domingo	Sunday
hoy	today
mañana	tomorrow

Visitando a un amigo p.6 — **Visiting a friend**
Expresiones útiles — **Useful Expressions**

adiós	good-bye
gracias	thanks
hola	hello
no	no
no es nada	that's okay
perdón	sorry
por favor	please
sí	yes
toma	here you are

En el parque p.8 — **At the park**
El parque — **The park**

el balancín	seesaw
el banco	bench
el camino	path
el columpio	swing
la cometa	kite
el lago	lake
el niño	boy
el niño/la niña	child
la niña	girl

¡Vamos a jugar! p.10 — **Let's play!**
Los deportes — **Sports**

el atletismo	athletics
el baloncesto	basketball
esquiar	skiing
el fútbol	soccer
la gimnasia	gymnastics
ir en bicicleta	riding a bike
nadar	swimming
pescar	fishing
el ping pong	table tennis

En la ciudad p.12 — **In town**
La ciudad — **The town**

la casa	house
el cine	movie house
la escuela	school
la estación	station
la fábrica	factory
el mercado	market
la oficina de correos	post office
el supermercado	supermarket
la tienda	shop

En el supermercado p.14 — **At the supermarket**
El supermercado — **The supermarket**

el arroz	rice
el azúcar	sugar
la carne	meat
el huevo	egg
la leche	milk
la mantequilla	butter
el pan	bread
la pasta	pasta
el pescado	fish

Comprando fruta p.16 — **Buying fruit**
La fruta — **Fruit**

la cereza	cherry
la fresa	strawberry
el mango	mango
la manzana	apple
el melocotón	peach
la naranja	orange
la piña	pineapple
el plátano	banana
las uvas	grapes

Comprando ropa p.18 — **Buying clothes**
Los adjetivos — **Adjectives**

bonito/bonita	pretty
bueno/buena	good
caro/cara	expensive
corto/corta	short
feliz	happy
grande	big
largo/larga	long
pequeño/pequeña	small
triste	sad

¿Qué tiempo hace? p.20 — **What's the weather like?**
El tiempo — **Weather**

hace calor	it's hot
hace frío	it's cold
llueve	it's raining
la niebla	fog
nieva	it's snowing
la nube	cloud
el sol	sun
la tormenta	storm
el viento	wind

El año (1) p.22 — **The year (1)**
La primavera y el verano — **Spring and summer**

la estación	season
la primavera	spring
marzo	March
abril	April
mayo	May
el verano	summer
junio	June
julio	July
agosto	August

El año (2) p.24 — **The year (2)**
El otoño y el invierno — **Autumn and winter**

el otoño	autumn
septiembre	September
octubre	October
noviembre	November
el invierno	winter
diciembre	December
enero	January
febrero	February
el mes	month

Cultivando verduras p.26 — **Growing vegetables**
Las verduras — **Vegetables**

el apio	celery
la berenjena	eggplant
el pepino	cucumber
la col	cabbage
la lechuga	lettuce
el maíz	corn
la papa	potato
el tomate	tomato
la zanahoria	carrot

En el bosque p.28 — **In the forest**
Los animales y los insectos — **Animals and insects**

la ardilla	squirrel
el ciervo	deer
el conejo	rabbit
el escarabajo	beetle
la mariposa	butterfly
la mosca	fly
la oruga	caterpillar
el oso	bear
el zorro	fox

Las preguntas p.30 — **Questions**
Las preguntas — **Questions**

¿cómo?	how?
¿cuándo?	when?
¿cuánto?	how much?
¿cuántos?	how many?
¿dónde?	where?
¿por qué?	why?
¿puedo?	can I?
¿qué?	what?
¿quién?	who?